AF257528

141
6
33370

CE QUE DOIVENT

RÉPÉTER,

JUSQU'A CE QUE TOUT LE MONDE L'ENTENDE,

LES PROPAGATEURS

DE LA RAISON ET DE LA VÉRITÉ.

SECONDE ÉDITION.

La Nature nous donne des frères, et non des maîtres.

A PARIS,

Chez l'Auteur, Section de Mutius-Scœvola, rue du 31 Mai, N°. 722.

L'an 2.

CE QU'A CENT FOIS

PRÊCHÉ

MICHEL PERROT,

CITOYENS,

Le génie de la liberté plane sur notre
empire ; il nous échauffe tous, mais il n'éclaire
que ceux qui cherchent sa lumière avec dis-
cernement. Il est encore beaucoup de
Français, qui, n'osant ouvrir les yeux au
grand jour du républicanisme, se tiennent
dans l'ombre épaisse des plus absurdes préjugés. Inaccoutumés à réfléchir sur la dignité
de l'homme, ils ont besoin qu'un rayon pro-
portionné, pour ainsi dire, à leurs foibles
organes, pénètre au fond de leurs cœurs, et
leur fasse lire les principes éternels que la
nature y a gravés. Je me propose de diriger
vers eux ce rayon salutaire qui doit enfin les
éclairer. Dans cette vue, je leur adresse un
discours purement élémentaire, un discours

A

libre, simple et familier, tel qu'ils puissent le prendre pour l'énoncé de leurs propres réflexions, et en tirer pour fruit l'intime conviction des vrais principes.

Républicains déjà consommés, vous n'avez plus besoin des élémens que j'annonce. Ce que je vais dire, ne vous paroîtra qu'un assemblage de lieux communs mille fois rebattus ; mais veuillez les écouter encore avec patience, et juger si la disposition que je leur donne, si l'ordre dans lequel je les présente, tend au but que je me suis proposé, celui de rendre républicains par la raison, ceux de nos frères que l'ignorance empêche de l'être, ou qui, sans raisonner, ne font que suivre le torrent.

La raison des mortels, ce bon-sens général dont la nature a doué les hommes, nous présente à tous, et de la même manière, les vérités fondamentales de l'indépendance et de l'égalité politiques. Ces vérités, aussi lumineuses que simples, pénètrent toutes les ames ; la plus foible intelligence en est imbue, même sans y avoir sérieusement pensé. Faut-il de grands efforts d'imagination, pour sentir que nous sommes tous enfans de cette nature libérale et bienfaisante, que nous avons tous également droit à ses dons, et qu'enfin tous les hommes sont nos frères ? Les conséquences de ce principe exigent-elles une profonde méditation ? Je les crois faciles à saisir : je me flatte qu'elles nous meneront sans peine à l'intime persuasion de nos droits et à la vraie connoissance de nos devoirs.

Puisque les hommes sont naturellement frères, naturellement aussi nulle domination personnelle ne peut exister entr'eux. Ils naissent égaux et libres ; la nature n'en fait point d'esclaves ; c'est contre son vœu, qu'il y a des tyrans.

La raison, comme la nature, fonde l'égalité de nos droits et la liberté du genre humain. Les êtres essentiellement pareils ont nécessairement les mêmes attributs. L'indépendance réciproque appartient à tous les hommes ; la nature et la raison la leur donnent toute entière. Le ciel, en nous créant libres, a mis dans nos cœurs l'amour de cette précieuse indépendance ; il en a fait un de nos penchants les plus irrésistibles ; et souvent la mort est pour nous moins affreuse que la gêne. C'est donc par d'horribles abus, c'est donc bien malgré soi, que l'homme a subi l'esclavage.

L'indépendance, telle que je la conçois, telle que vous devez la concevoir aussi, n'est point destructive des liaisons civiles qui tiennent les hommes unis par des loix et par des services mutuels. Elle consiste à n'être obligé qu'à ses engagemens, et à ne dépendre jamais d'aucun pouvoir arbitraire.

Le despotisme est une monstruosité qu'il faut par-tout anéantir. Cherchons dans la cause même de son existence les moyens d'en purger la terre. La corruption le fit éclore : par elle il s'entretient ; et les nations qu'il opprime, sont comme englouties dans la fange impure dont il s'alimente. Suivons ses progrès depuis son origine, et précipitons-le de leur comble dans le néant !

A l'instant où les hommes s'unirent en sociétés, quand les nations commencèrent à se former politiquement, l'égalité n'avoit encore souffert aucune altération, la liberté n'avoit jamais été gênée, chaque individu voyoit son pareil dans un autre homme. Si quelqu'un alors eût dit à ses compagnons ou à ses frères : *je suis plus que vous ; le sol où vous êtes assemblés m'appartient ; vous m'appartenez vous-mêmes ; vous êtes mes sujets ; j'ai sur vous tous un empire absolu. Que ma volonté, mes passions, mes caprices règlent désormais vos actions ! Vivez : je le permets.* Certes, ce discours eût paru bien étrange à des hommes libres, formant entr'eux un premier rassemblement. S'ils n'en eussent pas aussitôt puni l'auteur, c'est qu'ils eussent craint, sans doute, de ne punir qu'un fou.

A cette première époque de la société, supposons qu'elle-même eût dit à l'un de ses membres : *Chacun de nous sait qu'il te vaut ; mais nous convenons tous de te faire maître absolu de nos personnes et de nos biens. Tes volontés arbitraires, tes caprices les plus bizarres seront pour nous des loix inviolables, et notre sang coulera selon tes cruelles fantaisies ; commande.* Une abnégation si générale et si formelle eût encore été plus insensée que l'orgueilleuse prétention du premier ambitieux qui, tout-à-coup, auroit voulu s'ériger en despote. Des deux côtés, vous n'eussiez vu qu'une extrême dépravation, le comble du délire.

Eh bien ! Français, considérez la plûpart des royaumes et des empires. Ne vous semble-t-il pas que les prétendus souverains du monde et les peuples esclaves se soient réciproquement tenu l'odieux langage que vous venez d'entendre ? Seroient-ils plus sages ou moins vils à vos yeux, pour avoir employé des siècles à le prononcer ? La domination des uns et la servitude des autres vous paroîtroient-elles moins atroces ou plus légitimes, parce qu'elles se seroient établies progressivement et avec lenteur ? Le résultat n'est-il pas un infâme outrage fait à la nature et à la raison ? N'est-il pas le plus affreux des crimes ? Les nations n'en sont point coupables. Elles ont été subjuguées par l'imposture, la violence et la cruauté des tyrans.

Les hommes réunis avoient besoin de loix; il étoit nécessaire qu'ils fussent gouvernés; mais il répugnoit à leur essence de l'être arbitrairement. Les membres tous égaux des premières sociétés adoptèrent, de confiance, les loix qu'ils crurent bonnes pour l'intérêt général. Ils laissèrent établir des gouvernemens auxquels ils ne soupçonnoient ni perversité ni pièges. A la tête de ces gouvernemens, et sous différens noms, les dépositaires du pouvoir public, songeant à se l'approprier, le dirigèrent adroitement selon leurs vues ambitieuses. D'abord ils dissimulèrent leurs perfides desseins; et sous prétexte d'utilité commune, firent des réglemens avantageux en apparence, mais réellement désastreux pour la liberté. A la faveur de ces fausses loix, ils s'environnèrent des forces armées, les corrompirent, se les attachèrent exclusivement, et furent bientôt en état de régner par la terreur, comme sans justice.

Néanmoins ces despotes nouveaux ne trouvèrent pas suffisant d'avoir hérissé d'armes le trône de leur domination. Ils savoient que le vulgaire admire et respecte volontiers ce qui l'éblouit. En conséquence, ils ajoutèrent au premier appareil de leur grandeur la pompe des cérémonies , le luxe des ornemens , en un mot , tout ce faste éclatant qui séduit la multitude , et lui en impose autant que la force.

Tant de mesures pouvoient encore n'avoir que des effets précaires. Il étoit possible qu'un jour la terreur et la vénération populaires s'évanouîssent en présence et malgré l'éclat du despotisme armé. Une résistance vigoureuse, guidée par la raison , pouvoit enfin terrasser le monstre. Il fallut donc affecter plus profondément les hommes ; il fallut jetter dans l'ame des esclaves une crainte religieuse qui leur fît mieux respecter leurs chaînes et adorer leurs tyrans.

Déjà la superstition corrompoit les cœurs , égaroit les esprits ; on en profita pour dépraver tout-à-fait la raison du peuple et river ses fers. Les cérémonies d'avènement aux trônes prirent un air mystérieux et plus imposant. La voix du ciel désigna les rois : des envoyés de Dieu les oignirent. Le prodige de la Sainte-Ampoule en France , et mille autres absurdités pieuses, dans toutes les parties du monde, consacrèrent à jamais les plus funestes préjugés. Les potentats , audacieux usurpateurs de la souveraineté des nations , prétendirent l'avoir immédiatement reçue du ciel, et ne devoir qu'à lui seul compte de leurs actions. Cette morale impie, qui met le genre humain à la discrétion de quelques fameux brigands, et suppose l'Eternel complice de leurs larcins, fut prêchée dans tous les Etats despotiques. Les prêtres la persuadèrent aux peuples ; et dès-lors, ceux-ci n'osèrent plus murmurer contre la tyrannie.... Que dis-je ? ils adorèrent en effet les tyrans, et rampèrent à leurs pieds, comme des insectes fangeux.

Les rois, voyant l'espèce humaine ainsi prosternée, se crurent faits pour régir à leur gré l'univers. Ils ne virent plus dans leurs concitoyens que des esclaves, et la flatterie leur persuada qu'ils étoient eux-mêmes des Dieux.

A l'ombre du pouvoir despotique, on vit s'élever toutes sortes de tyrans inférieurs, d'agens subalternes, d'esclaves privilégiés, qui tous s'appliquèrent à rendre plus pesant aux nations le joug des chefs suprêmes. Ces oppresseurs en sous-ordre, orgueilleux comme leurs maîtres, et souvent plus cruels, s'arrogèrent aussi des droits et des titres, pour exercer les plus horribles vexations, pour assouvir impunément aussi leur cupidité dans le sang des peuples. Que de crimes ont été commis au nom des rois, et par eux-mêmes ! Que de millions d'hommes ont été sacrifiés à l'avarice et à l'ambition des scélérats, des monstres qui ont gouverné les empires suivant leurs passions !

De la subversion totale des principes naturels, on vit naître toutes les aristocraties féodales et religieuses ; on vit s'élever tous les hiérarchiques échafaudages, d'où l'orgueil repoussoit le mérite et l'outrageoit ; mais qui viennent heureusement de s'écrouler, pour ne jamais reparoître parmi nous.

Voilà sommairement quelles furent l'origine et la progression du pouvoir individuel absolu qu'aucune société n'a formellement admis, auquel personne n'obéit volontairement ; mais que l'injustice et la violence ont fait prévaloir dans toutes les régions du monde civilisé.

C'est ainsi, Français, qu'intimidés par les armes des despotes, éblouis par le clinquant de leur fausse grandeur, et abrutis par des préjugés superstitieux, nous avons porté le joug de l'esclavage.... Nous l'avons porté, même avec enthousiasme, quand les rois ont voulu nous charmer par des apparences de vertus. Alors, combien de fois avons-nous préconisé notre ancien gouvernement ? Combien de fois nous sommes-nous vantés d'être libres ? *Il n'y a point d'esclaves en France...* disions-nous, avec l'assurance de la liberté... *Il n'y a point d'esclaves en France !...* et nous l'étions tous. Ce proverbe, plus bruyant que nos chaînes, étourdissoit la France entière.

Tristes effets du despotisme ! Non-seulement il avilit et dégrade ses sujets, mais il leur ôte encore le sentiment de leur véritable existence, et les ensevelit dans de mortelles illusions. Telle étoit notre léthargie sous le règne de ce monstre politique. Nous rêvions bonheur et liberté, pendant qu'un maître absolu disposoit arbitrairement de toutes nos facultés, et nous livroit aux persécutions d'une infinité d'agens concussionnaires, soudoyés pour être inhumains.

Sous cet odieux régime, la nation française n'étoit qu'un vil troupeau dont les dépouilles et le sang appartenoient au roi, et que cent mille vampires dévoroient en son nom. Que d'autorités bizarres et féroces, que de dignités ridicules ou barbares nous tyrannisoient et nous donnoient la mort !!... Oui, Français, la mort... et plus que la mort.. car un peuple qui n'a d'existence que celle dont le despotisme et l'aristocratie daignent le gratifier, gît politiquement au-dessous des êtres sans vie ; il n'en atteint pas même la nullité ; son néant est l'opprobre de la raison. Nous étions plongés dans cet affreux néant, quand la nation n'avoit point de volonté ; quand les caprices de ce qu'on nommoit *la cour*, avoient force de loix pour vingt-cinq millions d'hommes ; quand la résistance à l'oppression nous étoit religieusement défendue , sous prétexte que les oppresseurs tenoient leur autorité de Dieu.

On m'objecte qu'en France le despotisme ne fut jamais aussi formel, aussi positif, aussi absolu que je le suppose ici ; qu'il y eut toujours des conseils, des parlemens, des tribunaux, pour aider le prince à rédiger les loix et à les faire exécuter ; que souvent ces sortes de sénats s'opposoient à la volonté royale, quand ils la jugeoient contraire ou nuisible aux intérêts du peuple... Frivole objection !.. Je pourrois la foudroyer par une *lettre de cachet*... mais opposons-lui quelque raisonnement.

Les conseils , les parlemens , tous ces corps fameux qu'on appelloit cours souveraines , et qui sembloient tenir le sceptre des loix , avoient été créés par le despotisme , et lui servoient d'organes. On leur supposoit un caractère national, pour mieux cacher certains anneaux dont chaque jour on appésantissoit nos chaînes. Ils se montroient populaires , quand leur intérêt propre l'exigeoit. Cette popularité n'avoit rien de sincère ; et souvent ils ne l'affectoient qu'afin de servir la cour plus efficacement. Nous savons comment le prince accueilloit leurs *très-humbles remontrances*. L'histoire et notre expérience nous ont appris comment le peuple étoit la dupe des parlemens et des rois. D'ailleurs, qu'importe aux esclaves que le despote soit contrarié par ses agens, si la liberté n'y gagne rien ?... Mais les parlemens, dit-on, protégeoient le peuple.... Non !... ils essayoient de rivaliser le roi, et tyrannisoient toute la nation. Les parlemens protégeoient le peuple !... ils s'en croyoient donc les maîtres ?... Ils pouvoient donc aussi l'opprimer ?... La protection des parlemens eût été un outrage de plus à la nation. Les parlemens devoient servir, et non protéger le peuple : mais à l'imitation du *monarque*, ils envahissoient la puissance nationale, et traitoient en esclave le peuple souverain.

Vous l'avez entendu, Français ; je vous ai découvert la source des abus d'autorité. Parcourons encore quelques-uns de ceux qui désoloient notre pays.

Le plus urgent besoin des hommes, quand ils ignorent la liberté, est d'asurer leur subsistance. Nous n'avions à craindre, naturellement, que l'intempérie des saisons, contre les productions nutritives de la terre ; mais la féodalité, pour son plaisir, étoit devenue le fléau de l'agriculture et des cultivateurs. l'Honnête habitant des campagnes, après avoir arrosé de sueurs le champ dont il attendoit sa frugale nourriture, encouroit la peine des scélérats, s'il osoit soustraire à la voracité des bêtes, les alimens nécessaires au soutien de sa famille.

Il étoit naturel que les choses d'utilité commune fussent établies et entretenues à frais communs, et que chacun y contribuât selon ses facultés ; mais le citoyen pauvre, sans récompense ni salaire, se voyoit contraint d'achever, par corvée, des travaux qui souvent n'avoient pour fin que la vanité des tyrans qui les exigeoient.

C'étoit un beau privilège de la féodalité, que celui d'obliger ainsi les malheureux à lui sacrifier leur tems, leur peine, et par conséquent leur subsistance et leur vie.

Il falloit que chaque citoyen payât, en proportion de sa fortune, sa part des contributions publiques ; et néanmoins, les plus riches propriétaires, ces hommes privilégiés, ces *hauts*, ces *puissans seigneurs*, ceux qui étoient revêtus de charges oppressives ou de vaines dignités, les membres mêmes de ces parlemens *protecteurs populaires*, ne rougissoient point de s'affranchir aux dépens du peuple, et de faire tomber sur lui tout le poids des impôts. Personne n'ignore sous combien de prétextes ils obtenoient d'injustes immunités ; disons mieux : nous savons comme ils s'en gratifioient mutuellement, et par quel brigandage ils se jouoient de la nation.

Ces impôts si mal répartis, loin d'être

employés pour le bien général auquel ils sembloient destinés, servoient à grossir des fortunes particulières, à entretenir le luxe et les débauches de quelques familles, à fournir aux plus horribles dilapidations, pendant que l'Etat, toujours en détresse, étoit précipité vers sa perte.

Il étoit juste que tous ceux des Français qui s'étoient voués militairement au service et à la défense de la patrie, jouissent au moins de quelque considération, et partageassent la gloire des succès : mais cette gloire s'attribuoit toute entière aux chefs d'armées, et souvent à ceux qui n'avoient pas osé voir de près la victoire. Sans doute, on devoit et l'on devra toujours à la tactique des généraux le succès des armes, le gain des batailles ; mais l'on devoit aussi, et toujours on devra la victoire à l'exacte observance de la discipline par le soldat, à son obéissance, à sa bravoure, à son courage. Pourquoi le soldat, doué de si belles qualités, n'étoit-il regardé que comme une machine, un vil instrument, un authomate incapable de sentir, et indigne d'attention quand on n'avoit plus besoin de lui pour combattre et vaincre ? Pourquoi lui refusoit-on sa part des lauriers qu'il avoit aidé à cueillir? Pourquoi son sang et sa vie n'étoient-ils rien en comparaison du sang et de la vie d'un pré-

tendu *noble* ou *grand seigneur* qui, certes,
ne les avoit pas exposés plus généreusement
que lui ? C'est qu'ordinairement le soldat sor-
toit du peuple, et que le peuple étoit méprisé
de ceux qui dispensoient l'estime et les récom-
penses. Cependant on élevoit, me dira-t-on,
les soldats qui s'étoient distingués par de belles
actions, par des exploits éclatans ; de simple
fusilier, Chevert devint presque maréchal de
France.... J'avoue qu'on avoit égard quelques
fois à la grande valeur d'un soldat, et même
que sur mille bien méritans, on daignoit en
récompenser trois. Mais ne leur imprimoit-on
pas en même tems la tache du mépris, lorsque,
dédaignant leur mérite, on les appelloit *offi-
ciers de fortune ?* Vous savez de quel ton la
noblesse leur en donnoit le titre. Chevert fut
élevé... mais le fut-il comme il dut l'être ? non.
Le mépris de sa *naissance* l'empêcha d'obtenir
le grade qu'il avoit gagné par ses talens militaires. Ainsi l'homme de mérite, le grand
homme même étoit ignominieusement récom-
pensé. *Vous pouvez être un héros,* lui disoit-on,
*mais vous manquez d'aïeux, et jamais vos
vertus n'y suppléeront pour tel ou tel emploi :
celui dont on vous honore est une insigne
faveur, votre origine ne vous permettoit pas
d'y prétendre, et c'est par générosité qu'on
l'accorde à vos talens.* Pouvoit-il y avoir une
manière de récompenser, plus insultante ?

Eh bien ! Français, analysez les brevets ou pancartes des soldats parvenus sous le règne des rois , vous y reconnoîtrez par-tout cet outrageant mépris.

Il étoit juste aussi que la guerre n'eût lieu que pour l'intérêt national , et lorsqu'honorablement on ne pouvoit pas s'en défendre : mais la vanité , l'orgueil offensé du prince , une querelle particulière , le caprice d'une courtisanne ou d'un favori , la vengeance ou l'ambition d'un ministre.... étoient presque toujours les grands motifs qui la déterminoient. Heureux, lorsqu'avant le combat, la victoire n'étoit pas vendue ! Heureux, si l'effusion du sang français n'étoit pas concertée d'avance entre nos généraux et nos ennemis !..

Je crois voir dans un coin quelqu'aristocrate sourire.... Je crois l'entendre me demander ironiquement , si Lafayette , Dumourier , Custines et autres ont plus ménagé le sang, ont mieux servi la liberté des Français, que les généraux du despotisme ?... Insidieux scélérat, pense-tu, par cette observation, nous dégoûter du républicanisme ?... Les infâmes que tu viens de nommer, n'étoient-ils pas eux-mêmes agens du despotisme ?... N'est-ce pas la ci-devant cour qui, par ses sourdes et affreuses menées, les avoit mis à la tête de nos bataillons ? Toute anéantie qu'elle est, cette

cour

cour n'influence-t-elle pas encore quelques branches ou parties de notre administration ?.. N'est-ce pas pour elle que des traîtres s'y glissent ? N'est-ce pas afin de la ressusciter, que le fanatisme a mis en convulsion plusieurs de nos départemens ? Va... la vapeur empoisonnée qu'exhalent les débris de la tyrannie, sera bientôt dissipée, et les canaux impurs qui la transmettent, brisés.

Il importoit essentiellement que les dignités civiles, militaires, ecclésiastiques, quoiqu'elles fussent presque toutes fondées sur les préjugés et la superstition, ne s'accordassent qu'aux talens et aux vertus : mais l'intrigue, la corruption et le vice les obtenoient toutes ou en disposoient.

Le bonheur et la sûreté du peuple sont très-étroitement liés à l'excellence de la magistrature ; à la confiance qu'elle inspire. Or, quelle bonté pouvoit avoir, quelle confiance pouvoit inspirer une magistrature vénale ? Quelle sûreté dans un pays où les plus saints devoirs, au lieu d'être imposés par la nation, se vendoient comme privilèges au plus offrant ? Quelle justice, où nul citoyen ne pouvoit consulter les oracles de la loi, sans leur offrir sa fortune à dévorer ? Quelle équité, quel ordre, où tous les emplois publics se trafiquoient, où leur exercice, au lieu d'être utile au peuple, l'écrasoit.

Au milieu de tant d'abus, nous languissions dans une apathie honteuse. Notre insouciance politique donnoit chaque jour à nos tyrans quelque nouveau moyen de nous accabler. Astucieux oppresseurs, ils avoient si bien sçu nous façonner au joug et nous y accoutumer, qu'à peine imaginions - nous un meilleur gouvernement.... Je crois entendre quelqu'un m'interrompre encore, et dire : *pourquoi l'avoir changé, ce gouvernement qui nous paraissoit bon ? pourquoi nous avoir ôté l'illusion d'un bonheur dont, peut-être, nous n'atteindrons jamais la réalité ? ne valoit-il pas mieux nous laisser rêver agréablement, que de nous réveiller pour la douleur ?*

Homme perfide ou insensé ! oublie-tu que l'idée que nous avions de la monarchie, n'étoit que le fruit pernicieux des faux principes qu'on avoit grand soin de nous insinuer ? Oublie tu que la masse du peuple étant, pour-ainsi-dire, plongée dans un océan de peines et de malheurs continuels, n'imaginoit guères d'autre existence politique, et n'en souffroit pas moins !.... Mais tu dormois, sans doute, à l'ombre du despotisme ; le sommeil de l'esclavage absorboit tes sens : tu étois indifférent pour le bien public, insensible et sourd aux plaintifs accens des victimes arbitrairement immolées. Ton frère injustement dépouillé, chargé de chaînes et mourant dans les cachots, n'excitoit point ta compassion: tu voyois d'un œil sec les tourmens dont on accabloit sa vertu. Et quand le despote appésantissoit son joug sur toi-même, quand il te fésoit vivement sentir l'aiguillon de sa barbarie, tu poussois quelques cris douloureux, et puis tu t'assoupissois encore, sans penser à te mettre à l'abri de nouvelles persécutions; ou bien tu courois admirer à son passage, et dans son palais, le tyran qui t'avoit frappé; tu contemplois d'un regard bêtement avide, cet idole couronné que la prévention t'offroit comme un dieu... et qui déshonoroit le nom d'homme. Oubliant ta dignité, tu t'anéantissois toi-même en présence de celui qui dut toujours être ton égal et ton frère. Si c'est là le bonheur que tu regrettes, il peut n'être pas perdu pour toi. Trop long-tems encore, il y aura des tyrans sur la terre.... va subir leur joug, et sois heureux à ta manière.... Mais j'augure mieux de ta raison... Déjà tu conçois que l'homme n'est pas destiné par la nature à l'oppression de ses semblables: tu conçois que ramper devant lui, c'est se dégrader; qu'en faire son esclave, c'est renverser l'ordre naturel et injurier la Divinité même. Juge donc mieux aussi de notre nouveau régime, et ne lui attribue pas ce qui n'est que l'effet des derniers efforts du despotisme attéré.

Des philosophes avoient sondé la profondeur de notre avilissement ; ils tâchoient de nous en inspirer l'horreur. Voltaire, Mabli, Rousseau, Rainal dont le destin étoit de mourir deux fois sans cesser d'être immortel, et d'autres écrivains célèbres, nous engageoient vigoureusement à secouer le joug de la servitude. Mais leurs écrits n'étant pas à la portée du plus grand nombre des esclaves français, un gouvernement infâme éteignant sans cesse le flambeau de la philosophie, il a fallu, pour dessiller nos yeux, que déjà nous fussions inclinés sur l'abyme que le despotisme avoit ouvert sous nos pas ; il a fallu que le gouffre où nous allions être engloutis, se montrât hérissé de pointes, et prêt à vomir le fer et le feu, pour hâter notre chûte ; il a fallu, enfin, que les dangers imminens du mois de juillet 1789, nous fissent passer, tout-à-coup, du sommeil de l'esclavage au réveil de la liberté. A cette mémorable époque, le peuple vit ses droits, les reconnut et s'en empara : mais il ne sut en faire usage, qu'au jour plus mémorable encore où la royauté fut abolie. Jusques-là, ses actes de souveraineté tendoient à le remettre en esclavage. Il avoit en quelque sorte légitimé son nouveau joug, en se don-

nant un maître constitutionnel. Si ce tyran
légal eût été plus adroit, bientôt la nation
Française auroit porté des fers plus pesans que
ceux qu'elle avoit brisés ; nous n'eussions,
peut-être, jamais recouvré nos droits encore
une fois perdus. Mais nous en avons heureusement la jouissance : apprenons à les con-
noître, afin de les conserver.

Nos droits se réduisent à deux points essentiels : liberté, égalité.

La liberté d'un peuple ou d'une nation,
c'est la faculté active de se gouverner comme
il lui plaît, sans nuire aux droits des autres
nations. Cette faculté, ou, plutôt, ce droit
appartient à tout rassemblement d'hommes
formé sur un sol libre, et ne faisant partie
d'aucune autre société. Quel doit être, et quel
est en effet le but d'une association quelcon-
que, d'un peuple, d'une nation ? C'est d'as-
surer son bonheur et celui de chaque individu
sous des loix communes, sous des loix que tous
aiment, et que tous veuillent suivre. Or, de
telles loix ne peuvent être arbitrairement dic-
tées ni par un homme seul ni par aucun corps ;
puisqu'elles n'émaneroient point de la volonté
nationale, et qu'elles en seroient tout-à-fait
indépendantes. A qui donc appartient-il de
faire les loix ? Qui fixera les devoirs de la
société ? Comment et par qui sera-t-elle gou-

vernée ? De la solution de ce problême résulte
l'esclavage ou la liberté.

Citoyens, la nature nous donne des frères,
et non des maîtres. La raison, qui dans sa
pureté ne contrarie jamais la nature, voit
comme des monstres, tous ces fléaux du genre
humain, qu'on appelle encore sur quelques
points du globe, *grands du monde, puissans
de la terre ;* la nature et la raison les réprou-
vent, toutes deux les ont en horreur.

Nous naissons libres ; au moment de notre
union sociale, nous sommes encore libres ;
une fois cette union formée, nous sommes
esclaves ou libres, sans milieu : nous sommes
esclaves, si nous obéissons à des volontés
particulières, si quelques hommes nous font
impérieusement la loi ; nous sommes libres,
si nous n'obéissons qu'à nous-mêmes, c'est-à-
dire, à la volonté générale. C'est cette volonté
qui constitue la souveraineté des nations ; c'est
elle qui doit exprimer les loix de chaque peuple. Autrement, la société manque son but,
et n'est qu'un troupeau malheureux, capri-
cieusement conduit, troupeau qui n'a pas
même l'avantage des troupeaux domestiques,
puisqu'au moins ces derniers, guidés par une
intelligence supérieure, ont des jouissances
que leur instinct seul ne leur feroit pas trou-
ver, tandis que les hommes, livrés à l'arbi-

traire de leurs semblables , en ont à craindre tout le mal possible , sans en pouvoir attendre plus de bien qu'ils ne pourroient s'en procurer eux-mêmes.

Pour que la loi soit l'expression de la volonté générale, il faut que tous les citoyens la fassent ou la consentent librement. Mais dans un empire tel que la France , s'il est impossible que tous délibèrent, s'il paroît impossible aussi de recueillir toutes les opinions individuelles , pour, de la conformité du plus grand nombre, déduire cette loi régulatrice de vingt-cinq millions d'hommes qui doivent concourir à sa confection ; au moins faut-il un organe par lequel toute la nation puisse émettre son vœu : il faut que cet organe le prononce pur , sans trahir ni les droits ni la confiance du peuple. Le peuple doit lui-même créer cet organe ; il doit le former de sa propre substance et lui donner son ame , afin qu'il soit incorruptible. Vous en avez le droit, Citoyens , vous en avez le pouvoir , et vous l'exercez. Vos assemblées, vos conventions nationales ainsi composées , vous représenteront fidèlement , et n'exprimeront jamais que votre suprême volonté dans toutes les loix qu'elles rédigeront. En vous y soumettant, vous n'obéirez à personne ; personne ne vous commandera , que comme délégué du peuple et organe de la loi que vous

vous serez imposée. Nul homme ne pourra vous dire : *faites cela, je le veux, tel est mon plaisir.* Mais ceux à qui vous aurez confié l'exécution des loix, vous diront : *dans telle circonstance, vous voulez telle chose, l'intérêt commun demande qu'à présent votre volonté s'exécute.* Le sens précis de cette formule se trouve dans tous les actes d'autorité publique, lorsque la nation jouit de ses droits, lorsque rien de ce qui l'intéresse n'a lieu que d'après le vœu général. C'est dans l'obéissance au vœu général, que consiste la liberté publique. Ce vœu, composé de toutes les volontés particulières, n'assujettit le citoyen qu'à lui-même, et le constitue libre autant qu'on puisse l'être en société. Le vœu général est pour un Etat libre le seul code de toutes ses loix.... Ici, je crois devoir répondre à une objection puérile ou insensée qui m'a réellement été faite en ces termes : *si la liberté d'une nation consiste en ce qu'elle soit gouvernée selon son vœu général, tel peuple est donc libre, qui veut généralement n'obéir qu'aux despotes.... Nous n'étions donc point esclaves, quand nous préférions tous la monarchie aux autres gouvernemens ?* Je réponds d'abord que jamais l'homme ne se veut du mal à lui-même, et qu'ainsi la soumission aveugle pour les tyrans n'entre point dans son cœur. S'il préfère un gouvernement à un autre, c'est pour atteindre un plus grand bonheur ; mais très-souvent, il se trompe dans les moyens, et n'en est que plus malheureux. Quant à nous, Français, on ne peut pas dire qu'autrefois nous préférions la monarchie, car la préférence est assise sur la liberté de choisir ; et vous savez ce qu'il nous a fallu faire, pour obtenir cette liberté...

Mais revenons aux loix. Il faut qu'elles soient inviolables, et que personne ne puisse éluder impunément l'obéissance qu'il leur doit. Il n'est point de liberté sans loix : les loix sont nulles, dès qu'on n'y obéit pas : la nullité des loix est une véritable anarchie ; et l'anarchie précipite infailliblement dans l'esclavage. Ne l'oubliez pas, hommes foibles, qui pourriez quelquefois vous égarer : songez que toute action contraire aux loix est un dégré pour le despotisme, un anneau de la chaîne qu'il vous prépare, et qu'il en faut peu pour le mettre à même de vous asservir. Si vous ne voulez pas être esclaves des despotes, soyez-le des loix : ce dernier esclavage est la vraie liberté.

Citoyens, je ne prétends pas cependant vous conseiller d'obéir aveuglément aux loix : ce seroit vous faire de l'abrutissement un devoir ; ce seroit vouloir que vous vous précipitassiez au-devant de la servitude. Si des mandataires infidèles ou corrompus parviennent, à force d'intrigue et d'astuce, à faire décréter des loix évidemment vexatoires, oppressives et destructives de vos droits, ne les sanctionnez pas. Si les fonctionnaires publics, si les autorités par vous-mêmes établies deviennent assez perfides pour vous forger des fers, pour chercher dans vos propres loix et dans votre obéissance quelques moyens de vous asservir ; si par eux la liberté se trouve compromise ou en danger, alors souvenez-vous que les hommes libres ne souffrent point d'oppresseurs : résistez, anéantissez vos tyrans plutôt que de vous soumettre à leur volonté. L'insurrection dans ces circonstances est un devoir sacré. Le salut du peuple doit toujours être la suprême loi. Quand le péril est extrême, prenez des mesures extrêmes aussi, telles que vous puissiez les employer avec autant d'honneur que de succès.

L'égalité politique ou sociale consiste en ce que les citoyens d'un même empire soient tous assujettis aux mêmes réglemens, et jouissent tous des mêmes droits. La nature dispense aux hommes l'esprit, les vertus et les talens, sans égard aux vaines distinctions de naissance et de fortune ; il est donc naturel que, sans plus d'égard pour ces vaines distinctions, le peuple confie les magistratures et les autres fonctions publiques à des hommes vertueux, capables d'en remplir les devoirs. La raison persuade cette juste mesure, et l'intérêt commun l'exige. Il est absurde et honteux qu'on regarde quelque-part les plus importans emplois comme la propriété de certaines familles , comme le patrimoine de quelques hommes dénaturés par l'orgueil. Rendre ces emplois héréditaires , c'est aliéner la souveraineté des peuples , c'est dégrader les nations.

Apologistes de l'aristocratie , vous qui prétendez que tous les pouvoirs sont la propriété des *rois* et des *grands* , qu'aucun peuple n'a le droit de les en dépouiller, et que nous commettons un brigandage horrible en nous attribuant la souveraineté qui, selon vous, n'appartient en France qu'à *la famille des Bourbons* ; oserez-vous long-tems proférer de tels blasphêmes ? Ces *grands* que vous dites faits pour commander à l'univers, sont-ils d'une nature plus qu'humaine ? Ont-ils plus de lumières , naissent-ils plus vertueux que les autres hommes ? A quels titres voulez-vous qu'ils soient nos maîtres , sinon par le brigandage même que vous nous imputez audaciéusement ?

Citoyens , je dois ici vous donner une idée plus exacte de la souveraineté , et de ses conséquences.

La souveraineté est une puissance absolue , qui n'a de limites que celles qui bornent en général les facultés humaines. Or, dans la société même, tous les hommes étant égaux naturellement, ayant tous les mêmes droits, ce pouvoir presqu'infini n'appartient individuellement à aucun d'eux. La souveraineté n'est pas un don particulier de la nature, mais un attribut de la raison, commun à tous les individus qui font les peuples ou les nations : elle se partage entre eux également, et de manière, néanmoins, qu'elle n'a force souveraine, que dans l'accord et l'union des citoyens de l'Etat ; c'est leur unanime volonté qui la constitue. La souveraineté peut être, en quelque sorte, comparée au fluide qui prend son niveau, et s'élève à la même hauteur dans tous les vases qui se communiquent. Chacun de nous est un de ces vases ; nous nous communiquons tous comme membres de la même société, c'est-à dire, comme citoyens du même empire ; et par conséquent, nous participons tous à la suprême autorité, nous sommes tous parties égales du souverain.

D'après cette exposition, Citoyens, il est évident que le pouvoir absolu n'appartient à personne en particulier. Les tyrans, pour s'assujettir des hommes, ont violé la nature et tous les droits de l'humanité. Le premier qui s'arrogea le titre de souverain, fut un voleur, coupable non-seulement envers sa nation, mais envers tout le monde. Les meilleures loix, les loix les plus sages en elles-mêmes, sont oppressives et vexatoires, quand un despote les commande ou les dicte. Le peuple, seul et vrai souverain, jouissant de la plénitude de sa liberté, ne reconnoît de loix que celles qu'il a faites ou volontairement adoptées ; et il ne leur obéit qu'autant qu'il est maître de les abroger et de les changer, quand elles lui déplaisent ou lui nuisent.

Si la souveraineté n'est pas naturellement une propriété particulière, si nul individu n'a droit de se l'arroger, la nation peut-elle au moins en revêtir un être qui mérite sa confiance ? Lui peut-elle donner son pouvoir, et reconnoître un souverain qui ne soit pas elle-même ? Non. Le peuple est inséparable de la souveraineté : cette dignité lui est tellement inhérente, qu'il ne peut exister sans elle.

Mais supposons, par impossible, qu'un être particulier, qu'un individu soit légitimement souverain : s'il a la science et les vertus d'un Dieu, sans doute il fera le bonheur de ses sujets ; son influence sur eux ne sera pas purement humaine ; il les gouvernera selon leurs justes intérêts et selon leurs vœux ; ils seront libres enfin, car la Divinité n'a point d'esclaves. Si au contraire le souverain supposé n'est qu'un homme, il regnera néces-

sairement selon son ignorance et ses passions ;
l'intérêt public sera mis en oubli , et le peuple
en esclavage. Admettre la souveraineté dans
un homme, ou le reconnoitre pour souverain,
c'est renoncer volontairement à ses droits les
plus sacrés ; c'est se dégrader , s'abrutir , et
tendre la gorge au glaive du despotisme.
Jamais aucun peuple n'y a consenti de bonne
foi. Tous ceux qui sont dans l'esclavage ont
été subjugués par des monstres , et ce sont
encore des monstres qui les gouvernent.

Si la nature et la raison s'opposent à ce que
l'absolu pouvoir soit l'apanage d'un seul homme , il ne leur est pas moins contraire d'ima-
giner une corporation légitimement investie
de ce même pouvoir ; car un corps , chez tous
les peuples , n'est qu'une société particulière
et isolée , qui n'étant point la nation même ,
n'en peut pas avoir les attributs essentiels : son
gouvernement seroit injuste et oppresseur ,
comme celui des despotes.

C'est donc à la nation seule qu'appartient
la souveraineté ; c'est dans le peuple qu'elle
réside essentiellement , et c'est à lui de l'exercer et de s'y soumettre tout-à-la-fois. C'est lui,
c'est la nation qui doit faire ses loix, choisir
les dépositaires de son autorité , créer tous les
corps administratifs, donner et retirer tous
les pouvoirs, agir , enfin , selon la plénitude

de sa souveraine puissance. Mais c'est aussi la nation , c'est aussi le peuple qui doit obéir scrupuleusement à ses propres loix ; c'est le peuple qui ne doit jamais franchir les bornes de la sagesse et de la justice ; et c'est encore le peuple qui se déshonore et se rend indigne de la liberté , quand il en passe les sacrées limites. Quiconque viole dans autrui ses propres droits, est un tyran qui n'en a plus ; la nature l'a déjà réprouvé.

Français, rétablis dans notre dignité première , sachons nous y maintenir avec honneur. Que ceux qui voudroient nous voir prosternés et tremblans , admirent notre contenance , et nous estiment.

Le mot *peuple* n'est plus , comme autrefois , un terme de mépris ; il désigne actuellement la nation toute entière , et donne l'idée de la plus haute majesté.

Direz-vous encore , lâches détracteurs de la révolution , direz-vous que la nation est rebelle , et qu'elle méconnoît ses maîtres ? A ce langage odieux et bas, je répondrai que la rebellion étant une criminelle résistance à l'autorité légitime et supérieure , il est inconséquent , et même absurde, d'en accuser le peuple collectivement , puisque nulle autorité n'est plus légitime , ni plus élevée que la sienne , et que tout pouvoir

émane de sa souveraineté. Les Français,
loin d'être rebelles, n'ont fait qu'user mo-
dérément de leurs droits, en renversant le
despotisme qui, depuis tant de siècles, les
écrasoit. Ils ont suivi le précepte de Voltaire :

« Si l'homme est créé libre, il doit se gouverner :
Si l'homme a des tyrans, il doit les détrôner ».

Néanmoins, il y a véritablement des rebelles parmi les Français. La patrie a des
enfans indociles, des enfans dénaturés qui
refusent d'obéir à ses loix, et leur opposent
une résistance aussi criminelle que monstrueuse : elle a des enfans qui, pour rétablir
et cimenter la tyrannie, sont tout prêts à
déchirer les entrailles de leur mère, et l'en-
sevelir, s'il se peut, sous les cadavres san-
glans de leurs frères massacrés... Non ! non!..
ils ne sont plus les enfans de la patrie, mais
de féroces barbares qu'elle abhorre et qu'elle
exterminera.

Pour revenir au développement et aux
conséquences de la souveraineté, supposons
encore, malgré toute évidence, que les
rois et les *grands du monde* n'ayent jamais
été des usurpateurs. Alors leur souveraineté,
leur grandeur, leur immense pouvoir, sont
ou des attributs naturels ou de simples délé-
gations. Certes, le premier cas est absurde,
puisque la nature ne produit ni *grands* ni *rois,*

et

et que les hommes naissent tous égaux. Dans le second cas, les nations seules ont pu déléguer ces pouvoirs et ces dignités insignes ; elles n'ont pu les déléguer que pour l'intérêt général et la félicité publique : elles peuvent donc aussi les retirer pour la même cause, quelque long-tems qu'elles en ayent souffert l'abus. Si les nations ont le droit d'anéantir ce qu'elles-mêmes ont créé pour leur intérêt, comment n'auroient-elles pas celui d'abolir des pouvoirs devenus monstrueux, et destructeurs de toute félicité nationale !

Les peuples ont très-certainement le droit imprescriptible d'établir chez eux tel gouvernement qui leur plaît ; ils ont le droit de le modifier et de le changer, jusqu'à ce qu'ils veuillent le fixer invariablement. Tout roi, tout empereur, tout magistrat, tout fonctionnaire qui voudroit, malgré ses concitoyens, retenir le pouvoir qu'ils lui auroient confié, n'eût-il, auparavant, jamais abusé de ce pouvoir, seroit un rebelle qu'ils devroient punir du dernier supplice. Quel traitement devroit une nation à *des* tyrans usurpateurs qui l'auroient asservie pendant quatorze siècles ? Que devroit-elle à celui dont elle auroit restreint, mais légitimé la puissance, et qui n'auroit feint d'accepter ce bienfait, que pour se ménager les occasions d'usurper encore ?

C

Que devroit-elle au perfide qui l'auroit abusée par de faux sermens, et qui, pour la trahir, auroit surpris sa confiance ?.. La mort !.. C'est une dette acquittée par la Nation Française, envers le dernier de ses rois. Citoyens Francs, votre histoire est pleine de leurs crimes . . . . . Pourriez-vous songer à relever leur trône ? Non, sans doute : et quand ils auroient tous été vertueux, vous n'en voudriez plus pour maîtres. Les dignités prééminentes, purement personnelles, blessent l'égalité. Les hommes libres ne reconnoissent point de telles dignités : les hommes libres sont tous égaux sous la loi qu'ils se sont imposée : ceux qu'ils préposent à son exécution, ne cessent point d'être leurs frères.

Soient donc abolis, pour toujours, les titres qui, parmi nous, fesoient de certains hommes des demi-dieux ou des idoles devant qui nous allions bassement nous prosterner ! Soit abolie, pour jamais, la royauté, *source monstrueuse des plus monstrueux abus* ! Soyons républicains, Français ; mais qu'aucune des républiques existantes ne nous serve de modèle ! Il n'y en a pas une où la liberté des citoyens soit franche et inviolable, où leur égalité parfaite soit maintenue. Il faut que la nôtre ait ce double avantage. Il faut que, parmi nous, tout magistrat, tout fonction-

naire , tout législateur soit citoyen ; et que
tout citoyen puisse devenir magistrat , fonctionnaire ou législateur , selon sa capacité , et
sans autre distinction que celle de ses vertus
et de ses talens. Il faut que les mêmes loix
soient exactement pour tous , et que tous y
reconnoissent leur volonté. Soyons républicains ; mais que la liberté toute entière et
l'égalité parfaite en droits soient les bases iné-
branlables de notre gouvernement ! Que rien
ne déroge à ces bases sacrées ! Traitons-nous
en frères , et rien qu'en frères. Estimons les
talens et les vertus ; encourageons ceux qui
font des efforts pour les acquérir ; louons ,
félicitons , mais n'adorons pas ceux qui les
possèdent éminemment. Les hommes libres
doivent honorer le mérite , sans se courber.
Les révérences ne conviennent qu'à des
esclaves , et sont un vrai poison. C'est par
des révérences , que l'on persuade à certains
hommes qu'ils sont au-dessus des autres : c'est
par des révérences qu'on leur inspire l'orgueil
du despotisme. C'est par le poison des révérences , que de tous nos ci-devant rois nous
avons fait des monstres. A cet égard , nous
avons été les artisans de nos malheurs. C'est
par le venin des flatteries , des prosternations ,
que nous avons accoutumé les *princes* et les
grands à nous mépriser , à nous fouler comme

la boue. Si les hommes avoient gardé entre eux l'attitude de l'égalité, si jamais ils ne se fussent mis au-dessous d'eux-mêmes, personne n'auroit osé les traiter en *sujets*.... Le stupide respect des esclaves fait toute la force des tyrans.... Fléchissons devant la loi ; mais n'en corrompons jamais les organes par de viles adulations. Loin de nous les signes bassement démonstratifs d'une humiliante vénération ! Que les hommes soient pour nous des hommes, et rien de plus ! Ne leur élevons point d'autels ; ne brûlons point d'encens en leur honneur ; gardons-nous bien d'en faire des dieux ; leur divinité pèse trop sur les nations... Nous avons failli d'en être écrasés. Si nos concitoyens, dans quelque fonction que ce soit, méritent bien de la patrie, que son affection maternelle soit leur plus douce récompense : s'ils sont des héros, n'en faisons l'apothéose qu'après leur mort, et quand leurs vertus civiques les auront accompagnés jusqu'au tombeau.

En expliquant vos droits, Citoyens, j'ai développé la majeure partie de vos devoirs ; mais il me semble à propos d'en parler ici plus particulièrement.

Je les réduis aussi à deux points essentiels, justice et bienfaisance. La justice exclut de nos jugemens toute partialité, et de nos actions, toute passion haineuse. L'homme vraiment républicain ne se conduit que par elle, pour l'intérêt général et le bonheur de tous ses concitoyens. Magistrats du peuple, fonctionnaires publics, Citoyens, quelque soit le poste où la nation vous place, gardez-vous de trahir sa confiance et le vœu de vos frères, par des actions injustes.... Malheur à celui qui, pour satisfaire quelque passion, telle que sa haîne ou sa vengeance, son ambition ou son avarice, oseroit interpréter astucieusement la loi, ou l'étendre arbitrairement... Que celui-là soit en horreur et disparoisse de la société, qui, guidé par un intérêt sordide et de honteuses spéculations, se rendra coupable du moindre abus !... Qu'il soit en exécration et supplicié honteusement, si, dans ces vues infâmes, il a compromis la fortune ou la liberté d'un citoyen, s'il y a même pensé ! La justice ne permet ni ne pardonne jamais de pareilles fautes dans un état républicain... Elle n'y pardonne pas même celles de l'ignorance ; parce que l'ignorant devient criminel en acceptant un emploi qu'il ne peut pas remplir.... Pour être juste en république, il ne suffit pas de vouloir et d'opérer le bien général, il faut le préférer au sien propre, à ses plus chers intérêts, même à sa vie. L'homme qui hésiteroit de sacrifier son existence au bonheur

de tous ses frères , ne seroit qu'un vil égoïste
à chasser de la patrie... Citoyens, j'en ai dit
assez pour vous faire entendre que si la justice
est une vertu dans tous les gouvernemens ,
elle est encore un devoir dans les républiques,
et sur-tout dans la République Française.

La bienfaisance étend sur nos moindres
actions une sorte de coloris qui les fait admirer. Elle embellit... que dis-je !.. elle fonde
et consolide toute communication nécessaire
entre des citoyens libres. C'est par des se-
cours , c'est par des bienfaits mutuels et
désintéressés , que se forme l'indissoluble
union des vrais républicains. La réciprocité
de services nous fait chérir la société dans
laquelle nous vivons., et ranime dans nos
cœurs l'amour sacré de la patrie. Sans elle ,
sans la bienfaisance mutuelle , les hommes
sont isolés, aucun intérêt commun ne les
unit assez fortement , pour qu'ils résistent au
choc de leurs ennemis, et puissent établir une
république durable. C'est la bienfaisance mutuelle , qui doit rassembler tout les citoyens,
pour en composer une espèce de faisceau
que les efforts de l'univers ne puissent jamais
rompre..... Français républicains , vous en
sentez l'importance..... Il suffit.... Je ne vous
entretiendrai pas plus long-tems d'une vertu
que vous pratiquerez tous comme un de vos

premiers devoirs , et que vous regarderez comme une des colonnes de votre république.

.Et vous , hommes timides , que ce mot épouvantoit il n'y a pas long-tems , à qui , peut-être , ils inspire encore de la crainte , rassurez-vous : le bonheur de la société croît en raison de l'intérêt qu'y prennent ses membres. Plus un gouvernement est républicain , plus l'unité et l'indivisibilité y sont consacrées ; plus aussi l'intérêt général devient celui des particuliers : chaque individu regarde l'état comme sa chose propre ; il en surveille l'administration , et s'oppose courageusement aux abus. La malveillance qui cherche les ténèbres , ne peut pas être dangereuse , quand tous les citoyens l'éclairent avec même intention , et lui font ouvertement la guerre. Les troubles qui ont agité long-tems les plus fameuses républiques , avoient une cause principale , qui n'existera pas dans la république française une et indivisible ; c'est que la jouissance des droits de l'homme n'étoit pas également accordée à tout les citoyens , quoiqu'ils en eussent tous le sentiment intime ; c'est que , par des distinctions aristocratiques , on privoit le peuple , ou de la totalité , ou d'une partie de ses droits. La république de Rome , si vantée dans l'Histoire , étoit composée d'ordres différens qui se tyrannisoient. Les républiques modernes, celles qui nous avoisinent, ont aussi ce défaut : les peuples y reconnoissent ou des supérieurs nés , ou des magistratures inaccessibles à certaines classes de citoyens que le mérite pourroit y appeller. Par-tout où le peuple est entravé , les efforts qu'il fait pour s'élargir occasionnent des secousses et des troubles ; et cela, plus fréquemment , lorsqu'il est ; pour ainsi dire , à moitié libre , que quand il est tout-à-fait sous le joug du despotisme. Mais si le peuple jouit d'une entière liberté , suivant la plénitude de ses droits , s'il n'a point de chaînes à rompre , s'il n'a de loix que celles qu'il s'impose dans sa propre sagesse , alors il est heureux et tranquille. Jaloux, néanmoins, de conserver sa liberté, il veille pour empêcher qu'on la lui ravisse ; mais cette sorte d'inquiétude élève son ame , augmente son courage agrandit ses vertus , et devient une nouvelle source de bonheur. Il abhorre le repos honteux qu'obtiennent quelquefois les esclaves sous le sceptre des despotes.... repos sous le sceptre des despotes !.... repos dans l'esclavage !.... Existe-t-il, ce repos ?... Est-il concevable ?... Oui. C'est une léthargie qui tient dans l'en-

gourdissement toutes les facultés humaines...
c'est un état de mort, d'anéantissement, qui
met l'homme au-dessous des bêtes, et le rend
presqu'aussi méprisable que les despotes et les
tyrans.... Les tourmens de l'esclavage sont
mille fois préférables à son repos ; car, au
moins, celui qui sent le joug qu'on lui impose,
peut encore être homme ; l'autre ne l'est plus...
Qu'étions-nous, Français, je vous le demande,
qu'étions-nous donc avant la révolution ?....
Des hommes ?... Non... Cette négative est
accablante, mais elle exprime une vérité....
Vous n'eûssiez pas pu l'entendre alors ; au-
jourd'hui, c'est vous-mêmes qui la prononcez
par mon organe. Vous devez à la sublime
conception des plus fortes vérités, vos triom-
phes éternels et l'heureuse conquête de votre
liberté.

Citoyens, vous ne devrez la conservation
de cette conquête heureuse, qu'à la pratique
habituelle des plus grandes vertus : souvenez-
vous-en. Les plus fameuses républiques, celles
dont la durée sembloit devoir être éternelle,
sont tombées en ruines, dès que les peuples
ont cessé d'y être vertueux. Que leur exemple
préserve d'une chûte pareille la République
Française !....

Dans uu état parfaitement républicain,

l'homme est au niveau de sa dignité. Loin
que ce haut dégré nous effraye , tendons y
continuellement par les plus généreux efforts.
Que les trônes et les rois ne soient plus rien
pour nous ! L'autorité souveraine est celle
des nations ; le droit de les gouverner n'appartient à aucun individu : il ne peut être la
propriété de personne , que des nations
mêmes.... Vouons tous les despotes à l'exécration de la nature et des siècles !..... Lâches
adulateurs des rois , méprisables esclaves , si
mon langage excite votre indignation , si la
vérité fortement prononcée vous blesse , fuyez
dans les endroits où l'opacité des couronnes
éclipse sa lumière ; cachez-vous dans la fange
qui sera votre éternel élément.

Francs citoyens , nous sommes rentrés dans
l'exercice de nos droits. Nos représentans ,
librement élus , rédigent les loix que nous
voulons suivre. Nous avons une constitution
conforme à nos vœux , et digne d'être adoptée
par tout le genre humain. Dès ce moment ,
la liberté française est établie sur les solides
bases de la nature et de la raison : fixons - l'y
de manière qu'elle n'en soit jamais renversée;
Eloignons tout ce qui pourroit lui porter
atteinte , la désunion , l'inobservance des
loix, l'anarchie, et, sur-tout, le découragement

dans les circonstances difficiles. . . Qu'ai-je dit ? Il n'est point de pareilles circonstances pour ceux qui n'ambitionnent que la liberté. Un peuple qui là veut, surmonte aisément tous les obstacles.

Les Français ne sont pas tous à la hauteur des grands principes qui nous régénèrent. Les uns regrettent les chimères de leur vanité ; d'autres, les abus qui grossissoient leurs fortunes ; ceux-ci gémissent de ne pouvoir plus égarer les esprits et dépraver les cœurs ; ceux-là voudroient encore exercer des cruautés, suivant leurs barbares inclinations. Beaucoup ne voyent qu'avec horreur la liberté s'affermir sous l'empire national. Ils se déclarent nos implacables ennemis ; ils nous en suscitent d'étrangers ; ils tâchent de faire avec eux, et contre nous, un ensemble formidable, une masse imposante. Ils veulent, enfin, nous replonger dans l'abîme de l'esclavage, et nous y replonger si profondément, que nous n'ayons plus l'espoir d'en sortir. A défaut de forces, ils employent la ruse et les trahisons, pour nous surprendre. Les tyrans ligués auront, peut-être, enfin, recours à des propositions qu'ils croiront séduisantes, à des offres spécieuses, pour qu'une partie du peuple, adroitement trompée, se précipite elle-même dans la servitude , et que le reste des Français y soit entraîné par violence. Citoyens, tenons-nous en garde. A la force, à la ruse , aux trames perfides de tous nos ennemis continuons d'opposer l'inaltérable et unanime résolution d'être à jamais indépendans. Cette résolution , bien prise et bien concertée, déjouera tous leurs complots , rendra vains tous leurs efforts , et nous fera triompher.

Assurons donc , par notre accord , le salut de la patrie et de la liberté. Veuillons mourir, plutôt que de subir aucun joug ! Que la nation toute entière oppose à l'univers conjuré le plus formidable rempart ! Que celui de nous qui voudroit survivre à la liberté, soit, comme les tyrans, un objet d'horreur !... Mais nos armées sont par-tout victorieuses... par-tout, la terreur s'empare de nos ennemis ... Nous arriverons , malgré les écueils , malgré les échecs momentanés , malgré les trahisons et les perfidies , à la gloire des plus hautes destinées.... Notre invincible courage à défendre les droits de l'humanité contre la ligue des despotes et des conspirateurs , apprendra , enfin , aux nations les plus assoupies dans l'esclavage, combien est précieux, combien est grand le prix de ces droits sacrés. Bientôt elles en ambitionneront la jouissance ; bientôt elles auront brisé leurs fers ; bientôt elles seront libres. O mes concitoyens, ô mes amis, ô mes frères, donnons sans cesse l'exemple des vertus républicaines, et nous verrons la terre entière devenir le séjour du bonheur et de l'égalité ; nous verrons par-tout se déployer l'étendard de l'indépendance ; et le nom français sera le signe éternel de la liberté !!.. Vive, vive, vive la République ! ! !

P E R R O T.

Membre de plusieurs Sociétés Patriotiques.

Nota. *Toutes les Sociétés populaires de la République sont invitées à se procurer ce petit ouvrage, et à lui donner une grande publicité.*

A PARIS, de l'imprimerie de Guerin, rue des Boucheries Saint-Honoré, N°. 913.

BIBLIOTHÈQUE IMPÉRIALE
IMPR.

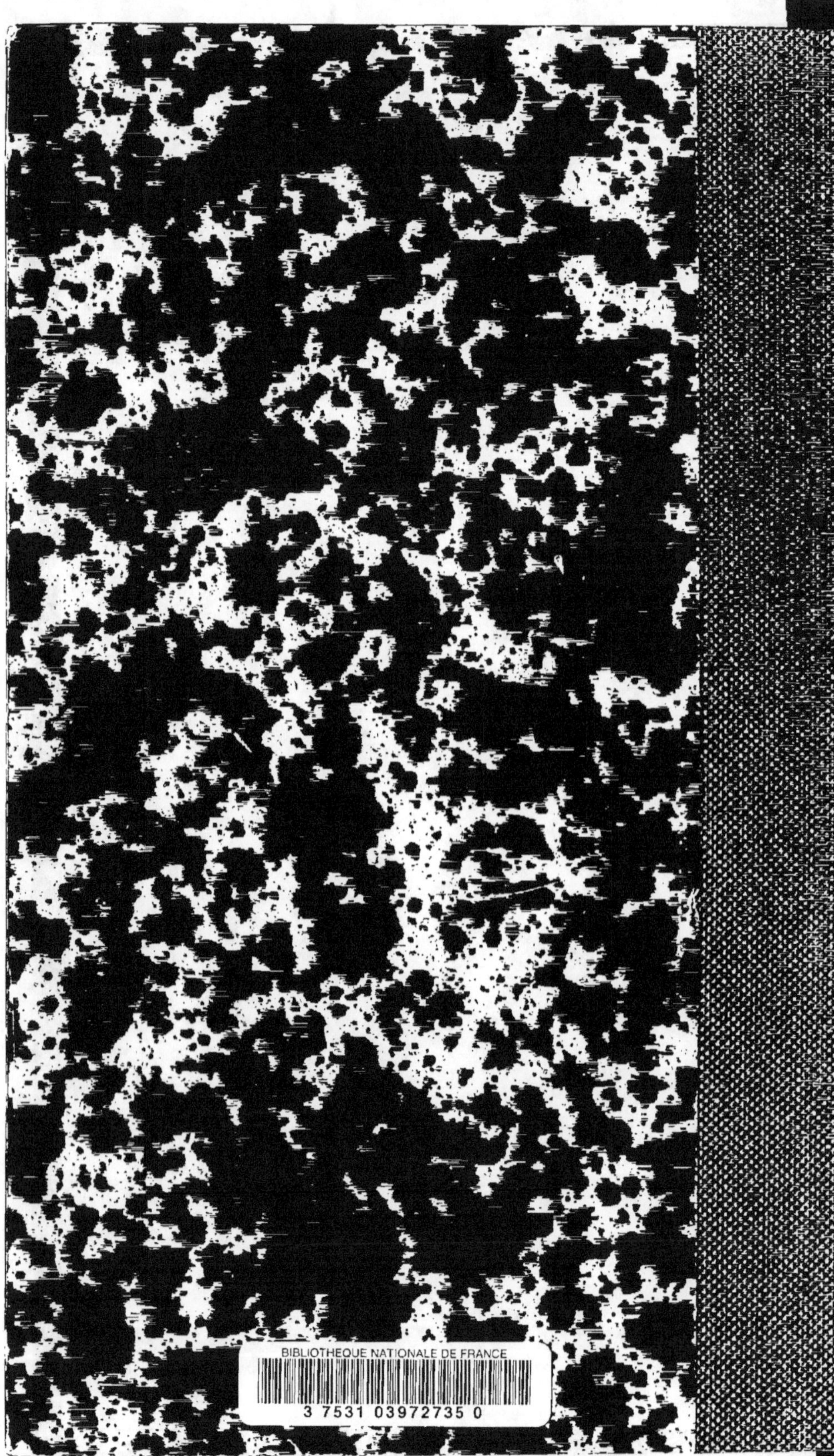